하루 한장
초등 속담 손글씨 연습장

글 어린이독서사랑연구회

엠앤키즈

목차

제1장
우리 아이 인성 속담으로 따라 쓰기
협동

백지장도 맞들면 낫다. •8
두 손뼉이 맞아야 소리가 난다. •10
도둑질을 해도 손이 맞아야 한다. •12
종이도 네 귀를 들어야 바르다. •14
세 사람만 우겨 대면 없는 호랑이도 만들어 낼 수 있다. •16

제2장
우리 아이 인성 속담으로 따라 쓰기
좋은 습관

세 살 버릇 여든까지 간다. •20
제 버릇 개 못 준다. •22
개살구도 맛 들일 탓 •24
기름 먹어 본 개같이 •26
개 눈에는 똥만 보인다. •28

제3장

우리 아이 인성 속담으로 따라 쓰기

실천

구슬이 서 말이라도 꿰어야 보배 • 32
아는 길도 물어가라 • 34
시작이 반이다. • 36
천 리 길도 한 걸음부터 • 38
열 번 찍어 아니 넘어가는 나무 없다. • 40

제4장

우리 아이 인성 속담으로 따라 쓰기

정직

거짓말은 새끼를 친다. • 44
꼬리가 길면 잡힌다. • 46
입은 비뚤어져도 말은 바로 해라 • 48
거짓말은 십 리를 못 간다. • 50
거짓말하고 뺨 맞는 것보다 낫다. • 52

제5장
우리 아이 인성 속담으로 따라 쓰기
끈기

구르는 돌은 이끼가 안 낀다. •56
개미는 작아도 탑을 쌓는다. •58
지성이면 감천이다. •60
티끌 모아 태산 •62
돌도 십 년을 보고 있으면 구멍이 뚫린다. •64

제6장
우리 아이 인성 속담으로 따라 쓰기
나눔, 절약

가는 말이 고와야 오는 말이 곱다. •68
강물도 쓰면 준다. •70
가랑비에 옷 젖는 줄 모른다. •72
소같이 벌어서 쥐같이 먹어라 •74
단단한 땅에 물이 괸다. •76

제7장
우리 아이 인성 속담으로 따라 쓰기
용기, 절제

작은 고추가 더 맵다. •80
쥐구멍에도 볕 들 날 있다. •82
바늘 도둑이 소도둑 된다. •84
오르지 못할 나무는 쳐다보지도 마라 •86
아홉 가진 놈이 하나 가진 놈 부러워한다. •88

제8장
우리 아이 인성 속담으로 따라 쓰기
리더십

윗물이 맑아야 아랫물이 맑다. •92
개구리 올챙이 적 생각 못 한다. •94
숲이 깊어야 도깨비가 나온다. •96
용의 꼬리보다 닭의 머리가 낫다. •98
사공이 많으면 배가 산으로 올라간다. •100

제9장
우리 아이 인성 속담으로 따라 쓰기
배움

낫 놓고 기역 자도 모른다. •104
백 번 듣는 것이 한 번 보는 것만 못하다. •106
서당 개 삼 년에 풍월을 한다. •108
쇠귀에 경 읽기 •110
우물 안 개구리 •112

제10장
우리 아이 인성 속담으로 따라 쓰기
노력

고생 끝에 낙이 온다. •116
한술 밥에 배부르랴 •118
열 번 찍어 아니 넘어가는 나무 없다. •120
콩 심은 데 콩 나고 팥 심은 데 팥 난다. •122
우물을 파도 한 우물을 파라 •124

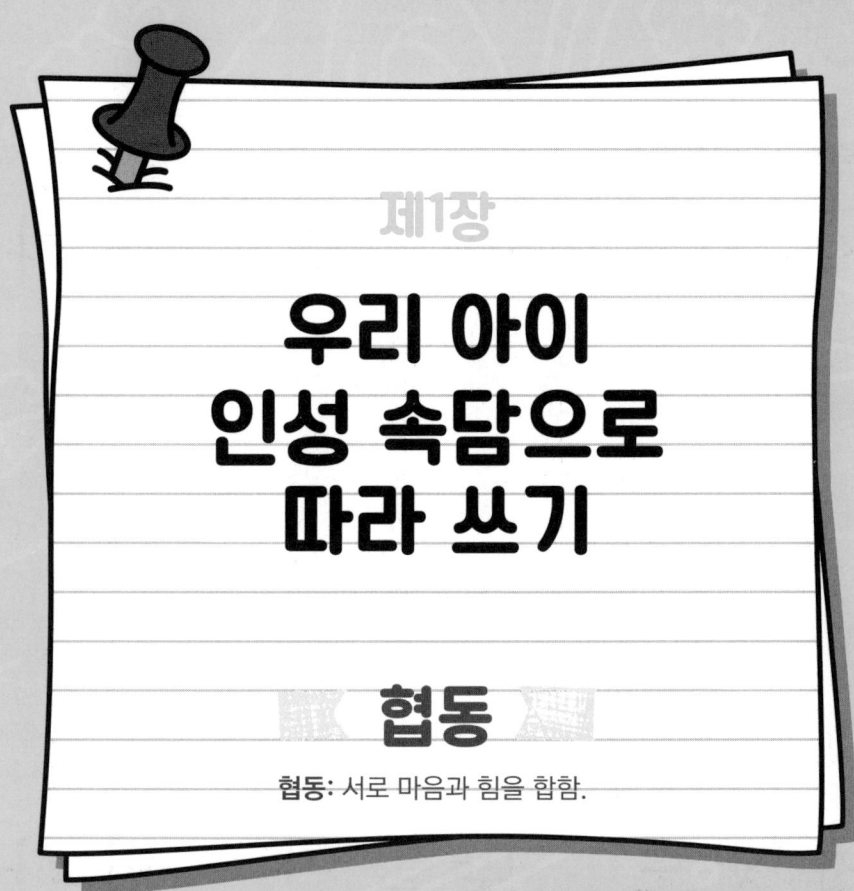

제1장

우리 아이 인성 속담으로 따라 쓰기

협동

협동: 서로 마음과 힘을 합함.

속담 이럴 때 이렇게 활용하기

친구야! **백지장도 맞들면 낫다**는데 이 물건 좀 같이 들어 줘.

이 어려운 수학 문제 같이 해결 방법을 찾아보자! **세 사람만 우겨 대면 없는 호랑이도 만들어 낼 수 있다**잖아.

1 백지장도 맞들면 낫다.

쉬운 일이라도 협력하여 하면 훨씬 쉽다는 말이에요.

[단어 뜻] 백지장 : 하얀 종이의 낱장.

 바르게 따라 써 보세요.

| 백 | 지 | 장 | 도 | | 맞 | 들 | 면 | | 낫 | 다 | . |

| 백 | 지 | 장 | 도 | | 맞 | 들 | 면 | | 낫 | 다 | . |

| 백 | 지 | 장 | 도 | | 맞 | 들 | 면 | | 낫 | 다 | . |

| 백 | 지 | 장 | 도 | | 맞 | 들 | 면 | | 낫 | 다 | . |

🐱 속담에 담겨 있는 뜻을 생각하며 써 보세요.

백지장도 맞들면 낫다.
백지장도 맞들면 낫다.

 아래 칸에 맞춰 써 보세요.

백지장도 맞들면 낫다.

2 두 손뼉이 맞아야 소리가 난다.

무슨 일이든지 두 편에서 서로 뜻이 맞아야 이루어질 수 있다는 말이에요.

 바르게 따라 써 보세요.

두 손뼉이 맞아야 소
두 손뼉이 맞아야 소

리가 난다.
리가 난다.

두 손뼉이 맞아야 소
두 손뼉이 맞아야 소

리가 난다.
리가 난다.

속담에 담겨 있는 뜻을 생각하며 써 보세요.

두 손뼉이 맞아야 소
두 손뼉이 맞아야 소

리가 난다.
리가 난다.

 아래 칸에 맞춰 써 보세요.

두 손뼉이 맞아야 소리가 난다.

3 도둑질을 해도 손이 맞아야 한다.

무슨 일이든 서로 뜻이 맞아야 이루기 쉽다는 말이에요.

 바르게 따라 써 보세요.

도둑질을 해도 손이
도둑질을 해도 손이

맞아야 한다.
맞아야 한다.

도둑질을 해도 손이
도둑질을 해도 손이

맞아야 한다.
맞아야 한다.

속담에 담겨 있는 뜻을 생각하며 써 보세요.

도둑질을 해도 손이
도둑질을 해도 손이

맞아야 한다.
맞아야 한다.

 아래 칸에 맞춰 써 보세요.

도둑질을 해도 손이 맞아야 한다.

4 종이도 네 귀를 들어야 바르다.

종이도 네 귀퉁이를 다 들어야 어느 한 귀퉁이도 처짐이 없이 판판해진다는 뜻으로, 무슨 일이나 하나도 빠짐없이 모두 힘을 합쳐야 올바르게 되어 감을 비유적으로 이르는 말이에요.

[단어 뜻] 네 귀 : 네 모퉁이를 말합니다.

 바르게 따라 써 보세요.

종이도 네 귀를 들어

야 바르다.

종이도 네 귀를 들어

야 바르다.

속담에 담겨 있는 뜻을 생각하며 써 보세요.

종이도 네 귀를 들어

종이도 네 귀를 들어

야 바르다.

야 바르다.

 아래 칸에 맞춰 써 보세요.

종이도 네 귀를 들어야 바르다.

5

세 사람만 우겨 대면 없는 호랑이도 만들어 낼 수 있다.

셋이 모여 우겨 대면 누구나 곧이듣게 된다는 뜻으로, 여럿이 힘을 합치면 안 되는 일이 없음을 비유적으로 이르는 말이에요.

 바르게 따라 써 보세요.

세 사람만 우겨 대면∨
세 사람만 우겨 대면∨

없는 호랑이도 만들어∨
없는 호랑이도 만들어∨

낼 수 있다.
낼 수 있다.

속담에 담겨 있는 뜻을 생각하며 써 보세요.

세		사람만		우겨		대면	V
세		사람만		우겨		대면	V
없는		호랑이도		만들어			V
없는		호랑이도		만들어			V
낼		수		있다.			
낼		수		있다.			

 아래 칸에 맞춰 써 보세요.

세 사람만 우겨 대면 없는 호랑이도

만들어 낼 수 있다

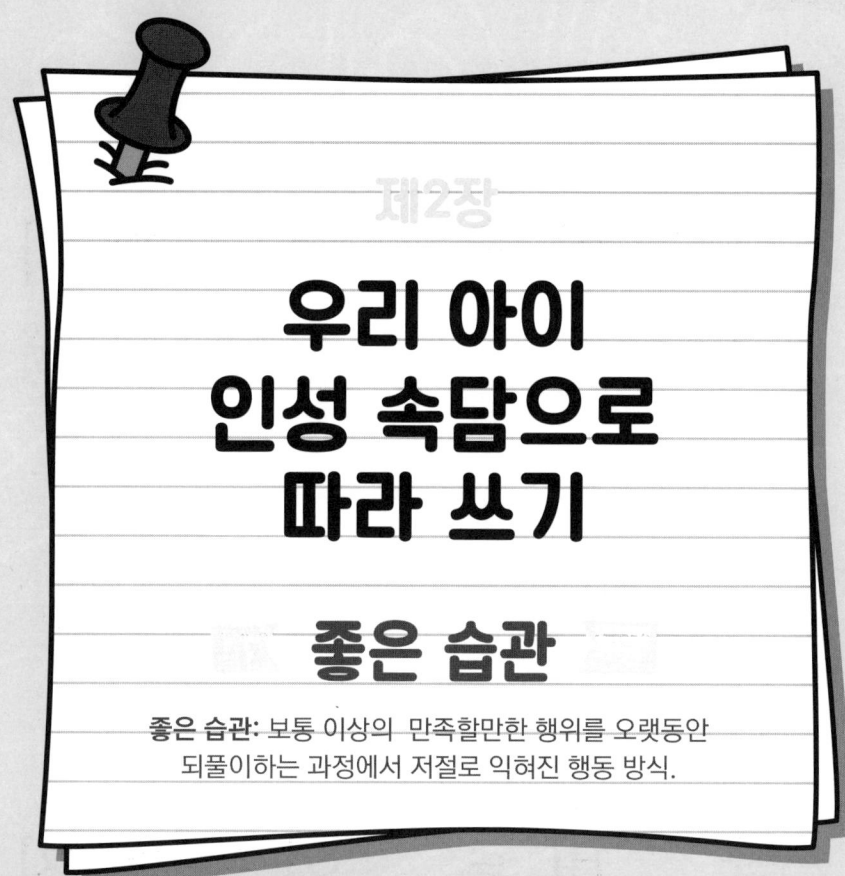

제2장

우리 아이 인성 속담으로 따라 쓰기

좋은 습관

좋은 습관: 보통 이상의 만족할만한 행위를 오랫동안 되풀이하는 과정에서 저절로 익혀진 행동 방식.

속담 이럴 때 이렇게 활용하기

- 넌 밥 먹을 때 왜 그렇게 흘리고 먹니? 세 살 버릇 여든까지 간다고 언제 고칠래?

- 너는 왜 자꾸 습관처럼 손톱을 물어뜯고 있니? 제 버릇 개 못 준다고 언제 그 나쁜 습관 고칠래?

1 세 살 버릇 여든까지 간다.

어릴 때 몸에 밴 버릇은 늙어 죽을 때까지 고치기 힘들다는 뜻이에요.

[단어 뜻] 여든 : 팔십

 바르게 따라 써 보세요.

| 세 | | 살 | | 버 | 릇 | | 여 | 든 | 까 | 지 | V |

| 세 | | 살 | | 버 | 릇 | | 여 | 든 | 까 | 지 | V |

| 간 | 다 | . |

| 간 | 다 | . |

| 세 | | 살 | | 버 | 릇 | | 여 | 든 | 까 | 지 | V |

| 세 | | 살 | | 버 | 릇 | | 여 | 든 | 까 | 지 | V |

| 간 | 다 | . |

| 간 | 다 | . |

속담에 담겨 있는 뜻을 생각하며 써 보세요.

세 살 버릇 여든까지
세 살 버릇 여든까지

간다.
간다.

 아래 칸에 맞춰 써 보세요.

세 살 버릇 여든까지 간다.

2 제 버릇 개 못 준다.

사람의 나쁜 버릇(습관)은 고치기 힘들다는 뜻이에요.

 바르게 따라 써 보세요.

제 버릇 개 못 준다.
제 버릇 개 못 준다.

제 버릇 개 못 준다.
제 버릇 개 못 준다.

속담에 담겨 있는 뜻을 생각하며 써 보세요.

제 버릇 개 못 준다.

제 버릇 개 못 준다.

아래 칸에 맞춰 써 보세요.

제 버릇 개 못 준다.

3 개살구도 맛 들일 탓

시고 떫은 개살구도 자꾸 먹어 버릇하여 맛을 들이면 그 맛을 좋아하게 된다는 뜻이에요.

[단어 뜻] 개살구 : 개살구나무의 열매. 살구보다 맛이 시고 떫다.

 바르게 따라 써 보세요.

| 개 | 살 | 구 | 도 | | 맛 | | 들 | 일 | | 탓 |

| 개 | 살 | 구 | 도 | | 맛 | | 들 | 일 | | 탓 |

| 개 | 살 | 구 | 도 | | 맛 | | 들 | 일 | | 탓 |

| 개 | 살 | 구 | 도 | | 맛 | | 들 | 일 | | 탓 |

속담에 담겨 있는 뜻을 생각하며 써 보세요.

개살구도 맛 들일 탓

개살구도 맛 들일 탓

 아래 칸에 맞춰 써 보세요.

개살구도 맛 들일 탓

4 기름 먹어 본 개같이

기름 맛을 본 개가 자꾸 기름을 먹고 싶어 한다는 뜻으로, 자주 어떤 일을 또 하고 싶어 한다는 말이에요.

 바르게 따라 써 보세요.

기름 먹어 본 개같이
기름 먹어 본 개같이

기름 먹어 본 개같이
기름 먹어 본 개같이

속담에 담겨 있는 뜻을 생각하며 써 보세요.

기름 먹어 본 개같이

기름 먹어 본 개같이

 아래 칸에 맞춰 써 보세요.

기름 먹어 본 개같이

5 개 눈에는 똥만 보인다.

어떤 것을 좋아하게 되면 모든 것이 그것과 같이만 보인다는 뜻이에요.

 바르게 따라 써 보세요.

개 눈에는 똥만 보인다.

속담에 담겨 있는 뜻을 생각하며 써 보세요.

개 눈에는 똥만 보인다.

개 눈에는 똥만 보인다.

 아래 칸에 맞춰 써 보세요.

개 눈에는 똥만 보인다.

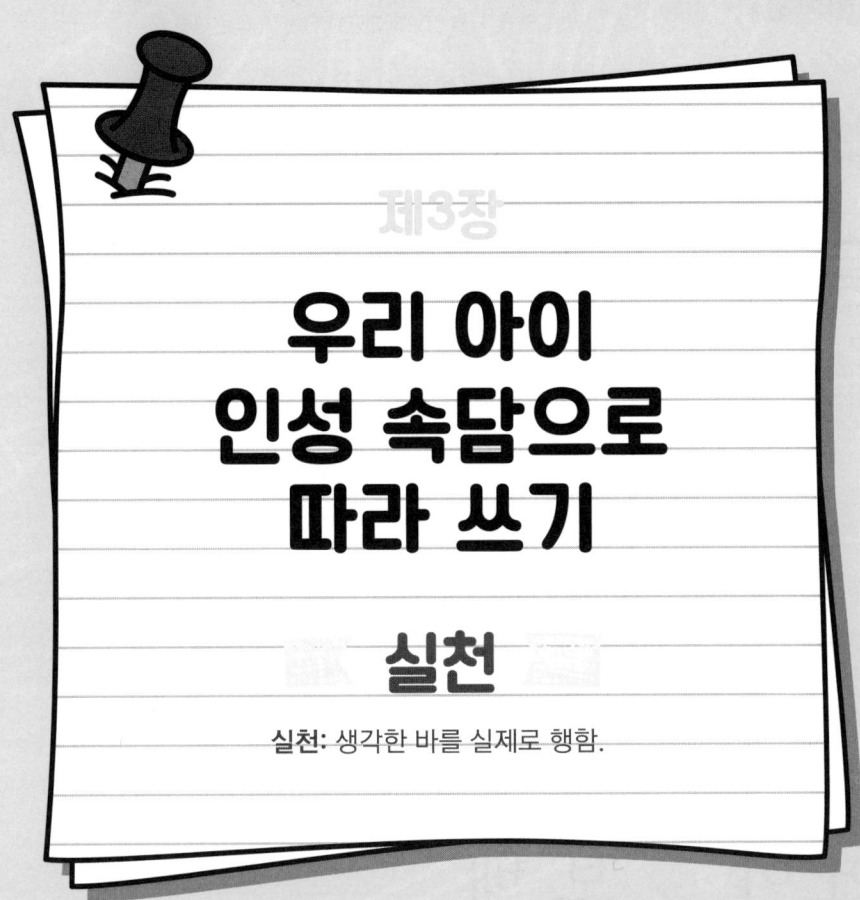

제3장

우리 아이 인성 속담으로 따라 쓰기

실천

실천: 생각한 바를 실제로 행함.

속담 이럴 때 이렇게 활용하기

- **아는 길도 물어 가랬다고**, 쉬운 문제라도 정신 차리고 천천히 풀어라.
- **천 리 길도 한 걸음부터**라고 한걸음 걷다 보면 언제 가는 정상에 올라갈 수 있을 거야!

1 구슬이 서 말이라도 꿰어야 보배

아무리 훌륭하고 좋은 것이라도 다듬고 정리하여 쓸모 있게 만들어 놓아야 값어치가 있다는 뜻이에요.

[단어 뜻] 말 : 곡식, 액체, 가루 따위의 분량을 되는 데 쓰는 그릇

 바르게 따라 써 보세요.

구슬이 서 말이라도
구슬이 서 말이라도

꿰어야 보배
꿰어야 보배

속담에 담겨 있는 뜻을 생각하며 써 보세요.

구슬이 서 말이라도

구슬이 서 말이라도

꿰어야 보배

꿰어야 보배

 아래 칸에 맞춰 써 보세요.

구슬이 서 말이라도 꿰어야 보배

2. 아는 길도 물어가라

아무리 나에게 익숙한 일이라도, 한 번 더 확인하고 단단히 준비하라는 뜻이에요.

 바르게 따라 써 보세요.

아는 길도 물어가라

아는 길도 물어가라

아는 길도 물어가라

아는 길도 물어가라

속담에 담겨 있는 뜻을 생각하며 써 보세요.

아는 길도 물어가라.
아는 길도 물어가라.

 아래 칸에 맞춰 써 보세요.

아는 길도 물어가라.

3 시작이 반이다.

무슨 일이든지 시작하기가 어렵지 일단 시작하면 일을 끝마치기는 그리 어렵지 아니하다는 뜻이에요.

 바르게 따라 써 보세요.

| 시 | 작 | 이 | | 반 | 이 | 다 | . | | | |

| 시 | 작 | 이 | | 반 | 이 | 다 | . | | | |

| 시 | 작 | 이 | | 반 | 이 | 다 | . | | | |

| 시 | 작 | 이 | | 반 | 이 | 다 | . | | | |

속담에 담겨 있는 뜻을 생각하며 써 보세요.

시작이 반이다.

시작이 반이다.

 아래 칸에 맞춰 써 보세요.

시작이 반이다.

4 천 리 길도 한 걸음부터

무슨 일이나 그 일의 시작이 중요하다는 말이에요.

[단어 뜻] 천 리 : 여기서는 매우 먼 거리를 말합니다.

 바르게 따라 써 보세요.

| 천 | 리 | 길 | 도 | 한 | 걸 | 음 |
| 천 | 리 | 길 | 도 | 한 | 걸 | 음 |

| 부 | 터 |
| 부 | 터 |

속담에 담겨 있는 뜻을 생각하며 써 보세요.

천	리	길도	한	걸음
천	리	길도	한	걸음

| 부터 |
| 부터 |
| |

 아래 칸에 맞춰 써 보세요.

천 리 길도 한 걸음부터

5 열 번 찍어 아니 넘어가는 나무 없다.

아무리 뜻이 굳은 사람이라도 여러 번 권하거나 꾀고 달래면 결국은 마음이 변한다는 말이에요.

 바르게 따라 써 보세요.

열		번		찍	어		아	니		넘
열		번		찍	어		아	니		넘

어	가	는		나	무		없	다	.
어	가	는		나	무		없	다	.

속담에 담겨 있는 뜻을 생각하며 써 보세요.

열	번	찍어	아니	넘
열	번	찍어	아니	넘

어가는	나무	없다.
어가는	나무	없다.

 아래 칸에 맞춰 써 보세요.

열 번 찍어 아니 넘어가는 나무 없다.

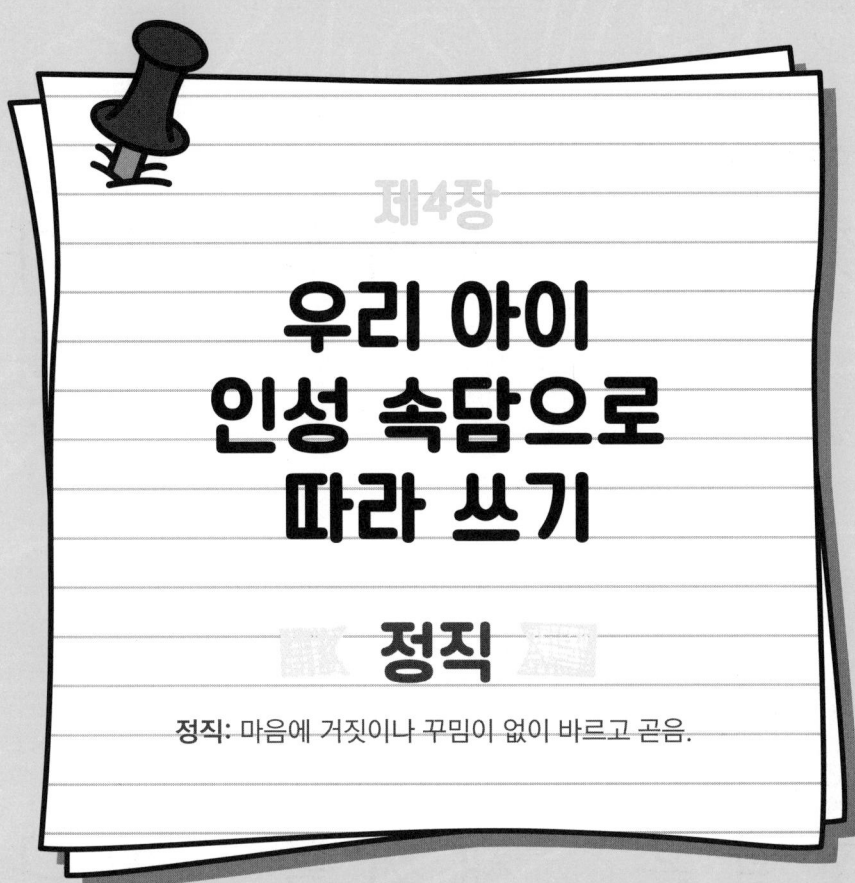

제4장
우리 아이 인성 속담으로 따라 쓰기

정직

정직: 마음에 거짓이나 꾸밈이 없이 바르고 곧음.

속담 이럴 때 이렇게 활용하기

- **입은 비뚤어져도 말은 바로 하라**고 왜 너는 자꾸 거짓말을 하는 거야!
- **꼬리가 길면 잡힌다**고 한두 번의 나쁜 짓은 안 걸릴 수는 있지만 오랫동안 계속하면 결국 들킬 거야.

1 거짓말은 새끼를 친다.

습관적으로 남을 속이는 사람은 언젠가는 더 큰 사기 행위도 거침없이 하게 된다는 뜻이에요.

 바르게 따라 써 보세요.

거짓말은 새끼를 친다.
거짓말은 새끼를 친다.

거짓말은 새끼를 친다.
거짓말은 새끼를 친다.

속담에 담겨 있는 뜻을 생각하며 써 보세요.

거짓말은 새끼를 친다.

거짓말은 새끼를 친다.

 아래 칸에 맞춰 써 보세요.

거짓말은 새끼를 친다.

2. 꼬리가 길면 잡힌다.

나쁜 일을 아무리 남모르게 한다고 해도 오래 두고 여러 번 계속하면 결국에는 들킨다는 뜻이에요.

 바르게 따라 써 보세요.

꼬리가 길면 잡힌다.

꼬리가 길면 잡힌다.

꼬리가 길면 잡힌다.

꼬리가 길면 잡힌다.

속담에 담겨 있는 뜻을 생각하며 써 보세요.

꼬리가 길면 잡힌다.

꼬리가 길면 잡힌다.

 아래 칸에 맞춰 써 보세요.

꼬리가 길면 잡힌다.

3 입은 비뚤어져도 말은 바로 해라

아무리 상황이 좋지 못해도 진실은 바로 밝히라는 말이에요.

 바르게 따라 써 보세요.

| 입은 | 비뚤어져도 | 말은 V |
| 입은 | 비뚤어져도 | 말은 V |

| 바로 해라 |
| 바로 해라 |

속담에 담겨 있는 뜻을 생각하며 써 보세요.

입은　비뚤어져도　말은 V
입은　비뚤어져도　말은 V

바로　해라
바로　해라

 아래 칸에 맞춰 써 보세요.

입은 비뚤어져도 말은 바로 해라

4 거짓말은 십 리를 못 간다.

남을 일시적으로 속일 수는 있지만 머지않아 사실이 밝혀져 오랫동안 속일 수는 없다는 뜻이에요.

[단어 뜻] 십 리 : 여기서는 가까운 거리를 말합니다.

 바르게 따라 써 보세요.

| 거 | 짓 | 말 | 은 | | 십 | | 리 | 를 | | 못 | V |
| 거 | 짓 | 말 | 은 | | 십 | | 리 | 를 | | 못 | V |

| 간 | 다 | . |
| 간 | 다 | . |

속담에 담겨 있는 뜻을 생각하며 써 보세요.

거짓말은 십 리를 못 V
거짓말은 십 리를 못 V

간다.
간다.

 아래 칸에 맞춰 써 보세요.

거짓말은 십 리를 못 간다.

5 거짓말하고 뺨 맞는 것보다 낫다.

좀 수줍거나 창피하더라도 사실을 사실대로 말해야지 거짓말을 하면 안 된다는 말이에요.

 바르게 따라 써 보세요.

| 거 | 짓 | 말 | 하 | 고 | | 뺨 | | 맞 | 는 |
| 거 | 짓 | 말 | 하 | 고 | | 뺨 | | 맞 | 는 |

| 것 | 보 | 다 | | 낫 | 다 | . |
| 것 | 보 | 다 | | 낫 | 다 | . |

속담에 담겨 있는 뜻을 생각하며 써 보세요.

거짓말하고 뺨 맞는
거짓말하고 뺨 맞는

것보다 낫다.
것보다 낫다.

 아래 칸에 맞춰 써 보세요.

거짓말하고 뺨 맞는 것보다 낫다.

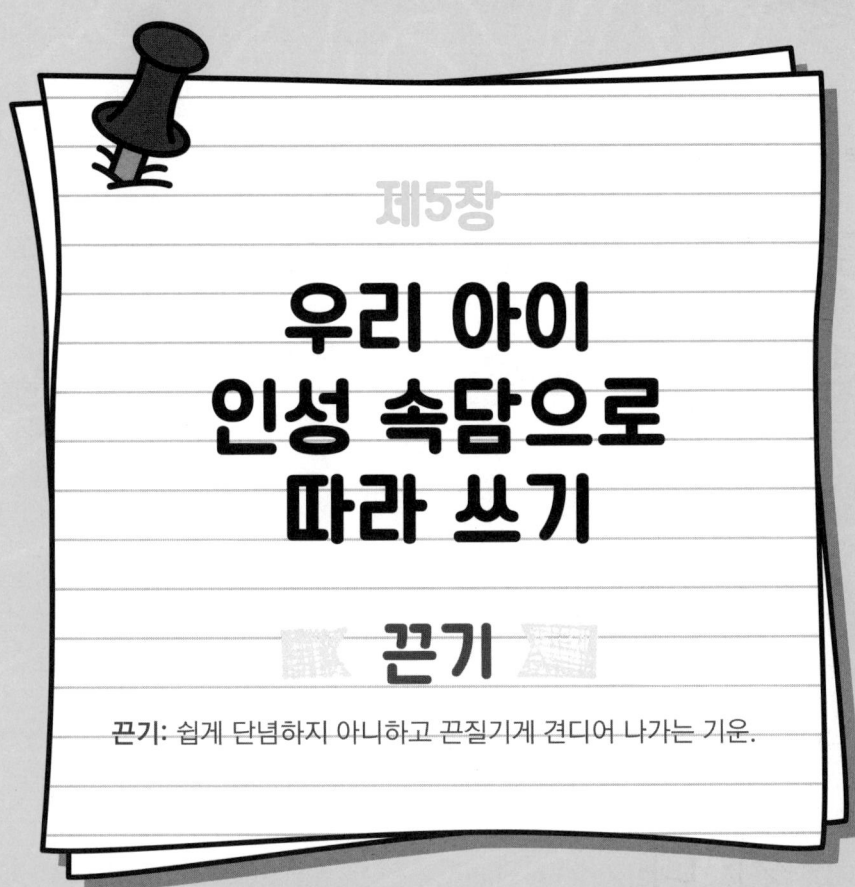

제5장
우리 아이 인성 속담으로 따라 쓰기
끈기

끈기: 쉽게 단념하지 아니하고 끈질기게 견디어 나가는 기운.

속담 이럴 때 이렇게 활용하기

- 그동안 내가 모은 돈이 오만 원이 넘다니, 정말 **티끌 모아 태산**이라고 큰돈이 됐네.
- **지성이면 감천**이라고 드디어 내가 매일 열심히 줄넘기했더니 이제는 줄넘기를 아주 많이 잘하게 됐네.

1 구르는 돌은 이끼가 안 낀다.

부지런하고 꾸준히 노력하는 사람은 침체되지 않고 계속 발전한다는 뜻이에요.

 바르게 따라 써 보세요.

| 구 | 르 | 는 | | 돌 | 은 | | 이 | 끼 | 가 |
| 구 | 르 | 는 | | 돌 | 은 | | 이 | 끼 | 가 |

| 안 | | 낀 | 다 | . |
| 안 | | 낀 | 다 | . |

속담에 담겨 있는 뜻을 생각하며 써 보세요.

구르는 돌은 이끼가
구르는 돌은 이끼가

안 낀다.
안 낀다.

 아래 칸에 맞춰 써 보세요.

구르는 돌은 이끼가 안 낀다.

2 개미는 작아도 탑을 쌓는다.

아무리 보잘것없고 힘이 없는 사람이라도 꾸준히 노력하고 정성을 들이면 훌륭한 일을 이룰 수 있다는 뜻이에요.

 바르게 따라 써 보세요.

| 개 | 미 | 는 | | 작 | 아 | 도 | | 탑 | 을 | |
| 개 | 미 | 는 | | 작 | 아 | 도 | | 탑 | 을 | |

| 쌓 | 는 | 다 | . | | | | | | | |
| 쌓 | 는 | 다 | . | | | | | | | |

속담에 담겨 있는 뜻을 생각하며 써 보세요.

개미는 작아도 탑을
쌓는다.

 아래 칸에 맞춰 써 보세요.

개미는 작아도 탑을 쌓는다.

3 지성이면 감천이다.

정성이 지극하면 하늘도 감동한다는 뜻으로, 무슨 일이든지 정성을 다하면 어려운 일도 이룰 수 있다는 뜻이에요.

[단어 뜻] 지성 : 지극한 정성.
감천 : 정성이 지극하여 하늘이 감동함

 바르게 따라 써 보세요.

지성이면 감천이다.

지성이면 감천이다.

지성이면 감천이다.

지성이면 감천이다.

속담에 담겨 있는 뜻을 생각하며 써 보세요.

지성이면 감천이다.

지성이면 감천이다.

 아래 칸에 맞춰 써 보세요.

지성이면 감천이다.

4 티끌 모아 태산

아무리 작은 것이라도 모이고 모이면 나중에 큰 덩어리가 된다는 뜻이에요.

[단어 뜻] 티끌 : 몹시 작거나 적음을 이르는 말이에요.

 바르게 따라 써 보세요.

| 티 | 끌 | | 모 | 아 | | 태 | 산 | | |
| 티 | 끌 | | 모 | 아 | | 태 | 산 | | |

| 티 | 끌 | | 모 | 아 | | 태 | 산 | | |
| 티 | 끌 | | 모 | 아 | | 태 | 산 | | |

속담에 담겨 있는 뜻을 생각하며 써 보세요.

티	끌		모	아		태	산		
티	끌		모	아		태	산		

아래 칸에 맞춰 써 보세요.

티끌 모아 태산

5 돌도 십 년을 보고 있으면 구멍이 뚫린다.

무슨 일에나 정성을 들여 애써 하면 안 되는 것이 없다는 말이에요.

 바르게 따라 써 보세요.

| 돌 | 도 | | 십 | | 년 | 을 | | 보 | 고 |

| 돌 | 도 | | 십 | | 년 | 을 | | 보 | 고 |

| 있 | 으 | 면 | | 구 | 멍 | 이 | | 뚫 | 린 | 다 | . |

| 있 | 으 | 면 | | 구 | 멍 | 이 | | 뚫 | 린 | 다 | . |

속담에 담겨 있는 뜻을 생각하며 써 보세요.

돌도 십 년을 보고
돌도 십 년을 보고

있으면 구멍이 뚫린다.
있으면 구멍이 뚫린다.

 아래 칸에 맞춰 써 보세요.

돌도 십 년을 보고 있으면

구멍이 뚫린다.

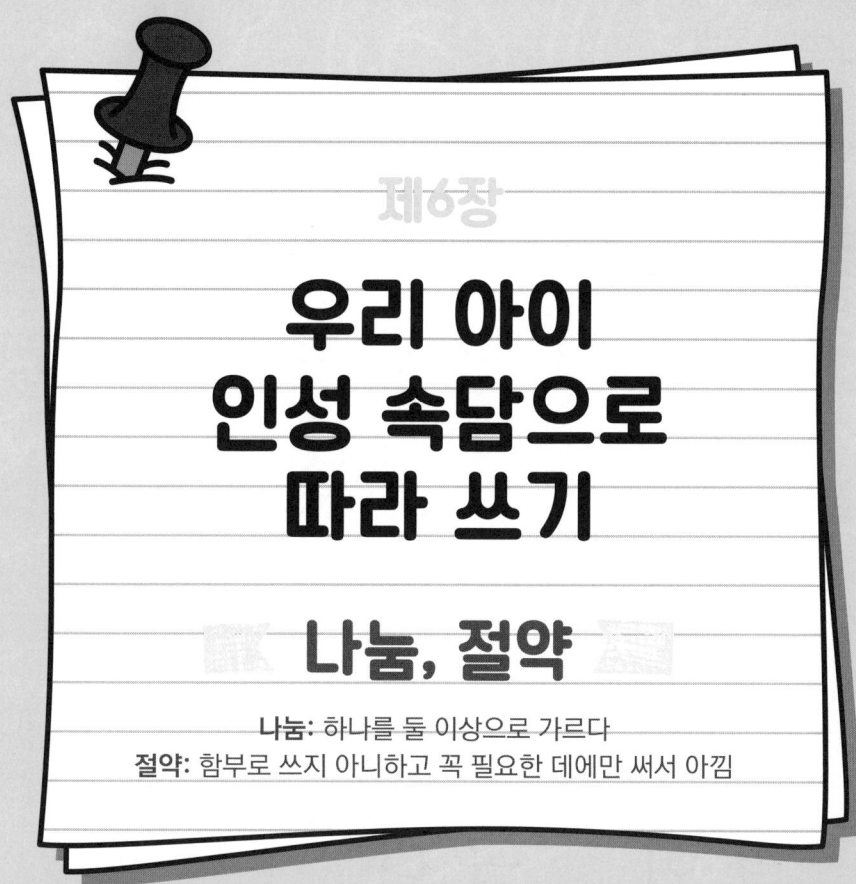

제6장
우리 아이 인성 속담으로 따라 쓰기

나눔, 절약

나눔: 하나를 둘 이상으로 가르다
절약: 함부로 쓰지 아니하고 꼭 필요한 데에만 써서 아낌

속담 이럴 때 이렇게 활용하기

- 너는 왜 나한테 욕을 하는 거니? **가는 말이 고와야 오는 말이 곱다**는 말 몰라?

- **가랑비에 옷 젖는 줄 모른다**고 매일 게임을 하다 보니 그만 게임에 중독된 거 같아.

1 가는 말이 고와야 오는 말이 곱다.

자기가 남에게 말이나 행동을 좋게 하여야 남도 자기에게 좋게 한다는 말이에요.

 바르게 따라 써 보세요.

가	는		말	이		고	와	야		오
가	는		말	이		고	와	야		오

는		말	이		곱	다	.
는		말	이		곱	다	.

속담에 담겨 있는 뜻을 생각하며 써 보세요.

가	는		말	이		고	와	야		오
가	는		말	이		고	와	야		오

는		말	이		곱	다	.			
는		말	이		곱	다	.			

 아래 칸에 맞춰 써 보세요.

가는 말이 고와야 오는 말이 곱다.

2 강물도 쓰면 준다.

굉장히 많은 강물도 쓰면 준다는 뜻으로, 풍부하다고 하여 함부로 마구 쓰지 말라는 말이에요.

 바르게 따라 써 보세요.

강물도　쓰면　준다.

강물도　쓰면　준다.

강물도　쓰면　준다.

강물도　쓰면　준다.

속담에 담겨 있는 뜻을 생각하며 써 보세요.

강물도 쓰면 준다.
강물도 쓰면 준다.

아래 칸에 맞춰 써 보세요.

강물도 쓰면 준다.

3 가랑비에 옷 젖는 줄 모른다.

가늘게 내리는 비는 조금씩 젖어 들기 때문에 여간해서도 옷이 젖는 줄을 깨닫지 못 한다는 뜻으로, 아무리 사소한 것이라도 그것이 되풀이되면 무시하지 못할 정도로 크게 된다는 말이에요.

[단어 뜻] 가랑비-: 가늘게 내리는 비.

 바르게 따라 써 보세요.

가랑비에 옷 젖는 줄 V
가랑비에 옷 젖는 줄 V

모른다.
모른다.

속담에 담겨 있는 뜻을 생각하며 써 보세요.

가랑비에 옷 젖는 줄
가랑비에 옷 젖는 줄

모른다.
모른다.

 아래 칸에 맞춰 써 보세요.

가랑비에 옷 젖는 줄 모른다.

4 소같이 벌어서 쥐같이 먹어라

소같이 꾸준하고 힘써 일하여 많이 벌어서는 쥐같이 조금씩 먹으라는 뜻으로, 일은 열심히 하여서 돈은 많이 벌고 생활은 아껴서 검소하게 하라는 말이에요.

 바르게 따라 써 보세요.

소	같	이		벌	어	서		쥐	같	이
소	같	이		벌	어	서		쥐	같	이
먹	어	라								
먹	어	라								

속담에 담겨 있는 뜻을 생각하며 써 보세요.

소같이 벌어서 쥐같이
소같이 벌어서 쥐같이

먹어라
먹어라

 아래 칸에 맞춰 써 보세요.

소같이 벌어서 쥐같이 먹어라

5 단단한 땅에 물이 괸다.

함부로 쓰지 않고 아끼는 사람이 재산을 모으게 된다는 말이에요.

 바르게 따라 써 보세요.

| 단 | 단 | 한 | | 땅 | 에 | | 물 | 이 | | 괸 |
| 단 | 단 | 한 | | 땅 | 에 | | 물 | 이 | | 괸 |

다.
다.

속담에 담겨 있는 뜻을 생각하며 써 보세요.

| 단 | 단 | 한 | | 땅 | 에 | | 물 | 이 | | 괸 |
| 단 | 단 | 한 | | 땅 | 에 | | 물 | 이 | | 괸 |

| 다 | . |
| 다 | . |

 아래 칸에 맞춰 써 보세요.

단단한 땅에 물이 괸다.

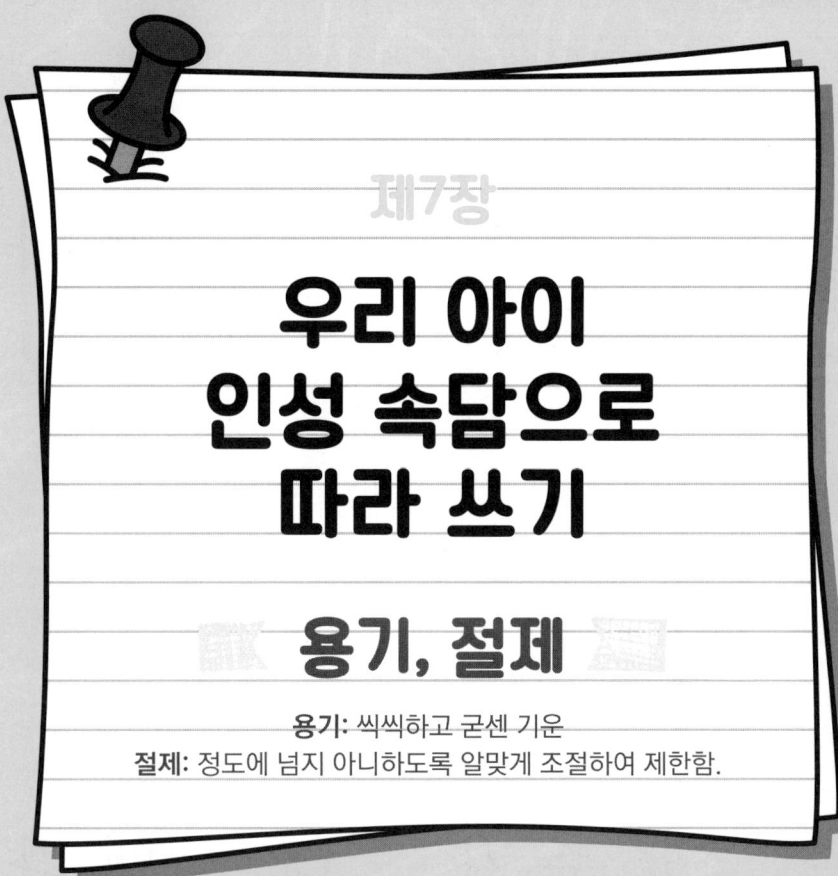

제7장
우리 아이 인성 속담으로 따라 쓰기
용기, 절제

용기: 씩씩하고 굳센 기운
절제: 정도에 넘지 아니하도록 알맞게 조절하여 제한함.

속담 이럴 때 이렇게 활용하기

 쥐구멍에도 볕 들 날 있다고 나도 열심히 공부하면 꼭 일등을 하는 날이 올 거야

 처음에 장난삼아 욕을 한 것이, 지금은 **바늘도둑이 소도둑 된다**고 점점 욕이 세어지는 것 같아

1 작은 고추가 더 맵다.

몸집이 작은 사람이 큰 사람보다 재주가 뛰어나고 야무지다는 말이에요.

 바르게 따라 써 보세요.

| 작 | 은 | | 고 | 추 | 가 | | 더 | | 맵 | 다 | . |
| 작 | 은 | | 고 | 추 | 가 | | 더 | | 맵 | 다 | . |

| 작 | 은 | | 고 | 추 | 가 | | 더 | | 맵 | 다 | . |
| 작 | 은 | | 고 | 추 | 가 | | 더 | | 맵 | 다 | . |

속담에 담겨 있는 뜻을 생각하며 써 보세요.

작은 고추가 더 맵다.

작은 고추가 더 맵다.

 아래 칸에 맞춰 써 보세요.

작은 고추가 더 맵다.

2. 쥐구멍에도 볕 들 날 있다.

몹시 고생하는 날이 많아도 좋은 운수가 올 날이 있다는 말이에요.

[단어 뜻] 볕 – : 햇볕

 바르게 따라 써 보세요.

| 쥐 | 구 | 멍 | 에 | 도 | | 볕 | | 들 | | 날 V |

| 쥐 | 구 | 멍 | 에 | 도 | | 볕 | | 들 | | 날 V |

있다.

있다.

속담에 담겨 있는 뜻을 생각하며 써 보세요.

쥐 구 멍 에 도   볕   들   날 V
쥐 구 멍 에 도   볕   들   날 V

있 다 .
있 다 .

 아래 칸에 맞춰 써 보세요.

쥐구멍에도 볕 들 날 있다.

3 바늘 도둑이 소도둑 된다.

바늘을 훔치던 사람이 계속 반복하다 보면 결국은 소까지도 훔친다는 뜻으로, 작은 나쁜 짓도 자꾸 하게 되면 큰 죄를 저지르게 된다는 말이에요.

 바르게 따라 써 보세요.

바 늘　도 둑 이　소 도 둑
바 늘　도 둑 이　소 도 둑

된 다 .
된 다 .

속담에 담겨 있는 뜻을 생각하며 써 보세요.

바늘 도둑이 소도둑
바늘 도둑이 소도둑

된다.
된다.

 아래 칸에 맞춰 써 보세요.

바늘 도둑이 소도둑 된다.

4 오르지 못할 나무는 쳐다보지도 마라

자기의 능력 밖의 불가능한 일에 대해서는 처음부터 욕심을 내지 않는 것이 좋다는 말이에요.

 바르게 따라 써 보세요.

| 오 | 르 | 지 | | 못 | 할 | | 나 | 무 | 는 |
| 오 | 르 | 지 | | 못 | 할 | | 나 | 무 | 는 |

| 쳐 | 다 | 보 | 지 | 도 | | 마 | 라 |
| 쳐 | 다 | 보 | 지 | 도 | | 마 | 라 |

속담에 담겨 있는 뜻을 생각하며 써 보세요.

오르지 못할 나무는
오르지 못할 나무는

쳐다보지도 마라
쳐다보지도 마라

 아래 칸에 맞춰 써 보세요.

오르지 못할 나무는 쳐다보지도 마라

아홉 가진 놈이 하나 가진 놈 부러워한다.

가지면 가질수록 더 욕심이 생긴다는 말이에요.

 바르게 따라 써 보세요.

아 홉 가 진 놈 이 하 나 V
아 홉 가 진 놈 이 하 나 V

가 진 놈 부 러 워 한 다 .
가 진 놈 부 러 워 한 다 .

속담에 담겨 있는 뜻을 생각하며 써 보세요.

아홉 가진 놈이 하나∨
아홉 가진 놈이 하나∨

가진 놈 부러워한다.
가진 놈 부러워한다.

 아래 칸에 맞춰 써 보세요.

아홉 가진 놈이 하나 가진 놈

부러워한다.

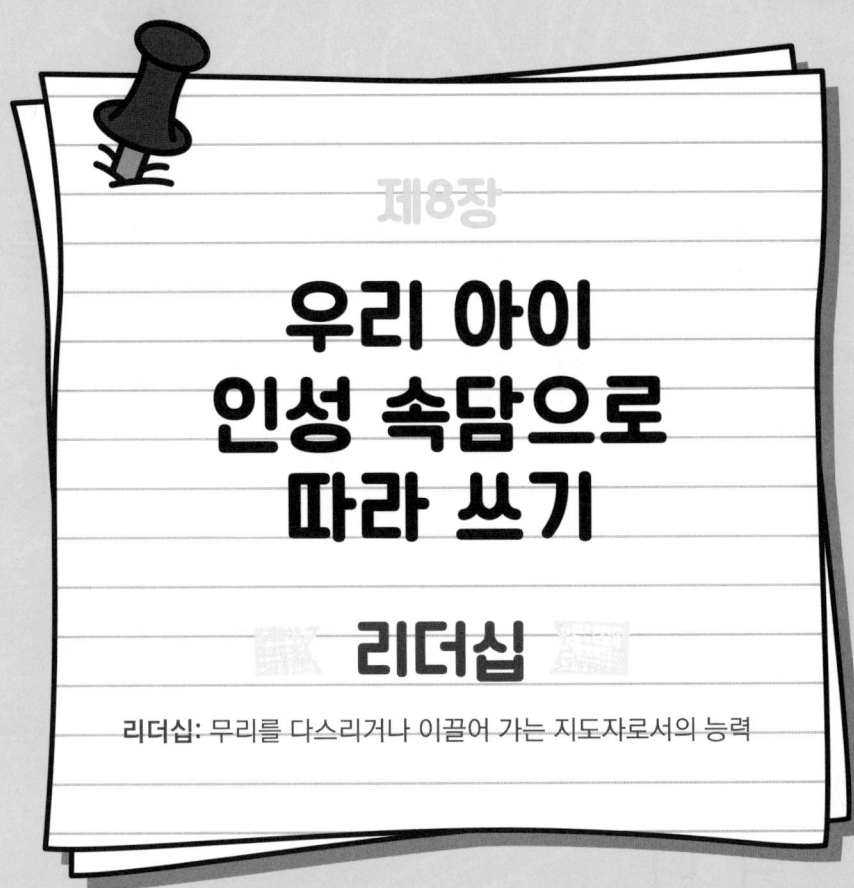

제8장

우리 아이 인성 속담으로 따라 쓰기

리더십

리더십: 무리를 다스리거나 이끌어 가는 지도자로서의 능력

속담 이럴 때 이렇게 활용하기

놀러 갈 곳을 정하려고 여러 사람이 의논하는데, **사공이 많으면 배가 산으로 간다**고 말만 많고 놀러 갈 곳을 정하지 못했어.

저 친구는 수영을 하나도 못 하네. **개구리 올챙이 적 생각 못 한다**고 너도 예전에는 수영 잘 못 했다고!

1 윗물이 맑아야 아랫물이 맑다.

윗사람이 먼저 바르게 행동해야 아랫사람도 그 행동을 본받아 잘한다는 말이에요.

 바르게 따라 써 보세요.

윗물이 맑아야 아랫물
윗물이 맑아야 아랫물

이 맑다.
이 맑다.

속담에 담겨 있는 뜻을 생각하며 써 보세요.

윗물이 맑아야 아랫물
윗물이 맑아야 아랫물

이 맑다.
이 맑다.

 아래 칸에 맞춰 써 보세요.

윗물이 맑아야 아랫물이 맑다.

2 개구리 올챙이 적 생각 못 한다.

형편이나 사정이 전에 비하여 나아진 사람이 지난날의 어렵던 때의 일을 생각지 아니하고 처음부터 잘난 듯이 뽐낸다는 말이에요.

 바르게 따라 써 보세요.

| 개 | 구 | 리 | | 올 | 챙 | 이 | | 적 | | 생 |
| 개 | 구 | 리 | | 올 | 챙 | 이 | | 적 | | 생 |

| 각 | | 못 | | 한 | 다 | . |
| 각 | | 못 | | 한 | 다 | . |

속담에 담겨 있는 뜻을 생각하며 써 보세요.

| 개 | 구 | 리 | | 올 | 챙 | 이 | | 적 | | 생 |

| 개 | 구 | 리 | | 올 | 챙 | 이 | | 적 | | 생 |

| 각 | | 못 | | 한 | 다 | . |

| 각 | | 못 | | 한 | 다 | . |

 아래 칸에 맞춰 써 보세요.

개구리 올챙이 적 생각 못 한다.

3 숲이 깊어야 도깨비가 나온다.

자기에게 덕망이 있어야 사람들이 따르게 된다는 말이에요.

[단어 뜻] 덕망 : 덕행으로 얻은 명망

 바르게 따라 써 보세요.

| 숲 | 이 | | 깊 | 어 | 야 | | 도 | 깨 | 비 | 가 | V |
| 숲 | 이 | | 깊 | 어 | 야 | | 도 | 깨 | 비 | 가 | V |

| 나 | 온 | 다 | . |
| 나 | 온 | 다 | . |

속담에 담겨 있는 뜻을 생각하며 써 보세요.

숲이　깊어야　도깨비가 ∨
숲이　깊어야　도깨비가 ∨

나온다.
나온다.

 아래 칸에 맞춰 써 보세요.

숲이 깊어야 도깨비가 나온다.

4 용의 꼬리보다 닭의 머리가 낫다.

크고 훌륭한 사람의 그늘에 있기보다는 보잘것없어도 우두머리 노릇을 하는 것이 더 낫다는 말.

[단어 뜻] 우두머리 : 어떤 일이나 단체에서 으뜸인 사람

 바르게 따라 써 보세요.

용의 꼬리보다 닭의

머리가 낫다.

속담에 담겨 있는 뜻을 생각하며 써 보세요.

용의 꼬리보다 닭의
용의 꼬리보다 닭의

머리가 낫다.
머리가 낫다.

 아래 칸에 맞춰 써 보세요.

용의 꼬리보다 닭의 머리가 낫다.

5. 사공이 많으면 배가 산으로 올라간다.

여러 사람이 저마다 제 주장대로 배를 몰려고 하면 결국에는 배가 물로 못 가고 산으로 올라간다는 뜻으로, 여러 사람이 자기주장만 내세우면 일이 제대로 되기 어렵다는 말이에요.

[단어 뜻] 사공 : 배를 부리는 일을 직업으로 하는 사람

 바르게 따라 써 보세요.

사공이 많으면 배가

사공이 많으면 배가

산으로 올라간다.

산으로 올라간다.

100

속담에 담겨 있는 뜻을 생각하며 써 보세요.

사공이 많으면 배가

사공이 많으면 배가

산으로 올라간다.

산으로 올라간다.

 아래 칸에 맞춰 써 보세요.

사공이 많으면 배가 산으로

올라간다.

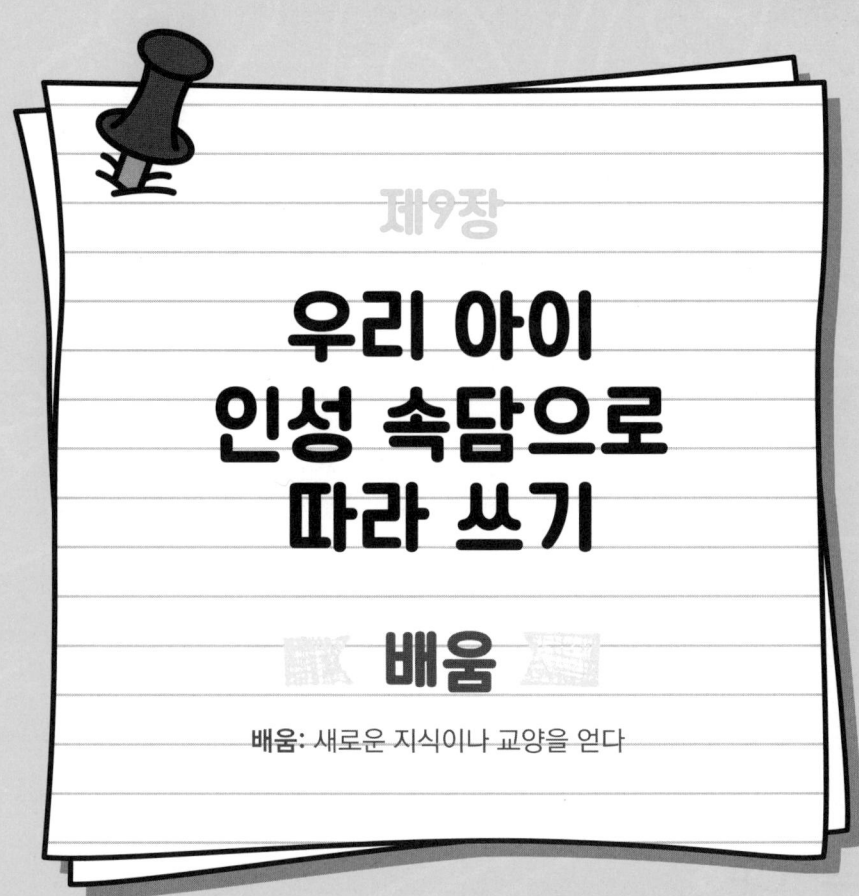

제9장
우리 아이 인성 속담으로 따라 쓰기

배움

배움: 새로운 지식이나 교양을 얻다

속담 이럴 때 이렇게 활용하기

- 한때는 우리나라 사람들도 **낫 놓고 기역 자도 모른다**고 한글도 모르는 사람이 많았어.

- **서당 개 삼 년에 풍월을 한다**고 엄마한테 어깨너머로 배운 요리가 이제는 제법 내가 음식을 만들 수 있게 되었네.

1 낫 놓고 기역 자도 모른다.

기역 자 모양으로 생긴 낫을 보면서도 기역 자를 모른다는 뜻으로, 아주 무식하다는 말이에요.

[단어 뜻] 낫 : 곡식, 나무, 풀 따위를 베는 데 쓰는 농기구.

 바르게 따라 써 보세요.

낫		놓	고		기	역		자	도	
낫		놓	고		기	역		자	도	

모	른	다	.							
모	른	다	.							

속담에 담겨 있는 뜻을 생각하며 써 보세요.

낫 놓고 기역 자도
낫 놓고 기역 자도

모른다.
모른다.

 아래 칸에 맞춰 써 보세요.

낫 놓고 기역 자도 모른다.

2. 백 번 듣는 것이 한 번 보는 것만 못하다.

듣기만 하는 것보다는 직접 보는 것이 확실하다는 말이에요.

 바르게 따라 써 보세요.

| 백 | 번 | 듣는 | 것이 | 한 V |
| 백 | 번 | 듣는 | 것이 | 한 V |

| 번 | 보는 | 것만 | 못하다. |
| 번 | 보는 | 것만 | 못하다. |

속담에 담겨 있는 뜻을 생각하며 써 보세요.

백	번	듣는	것이	한 V
백	번	듣는	것이	한 V

번	보는	것만	못하다.
번	보는	것만	못하다.

 아래 칸에 맞춰 써 보세요.

| 백 번 듣는 것이 한 번 보는 것만 |
| |

| 못하다. |
| |

107

서당 개 삼 년에 풍월을 한다.

서당에서 삼 년 동안 살면서 매일 글 읽는 소리를 듣다 보면 개조차도 글 읽는 소리를 내게 된다는 뜻으로, 어떤 분야에 대하여 지식과 경험이 전혀 없는 사람이라도 그 부문에 오래 있으면 얼마간의 지식과 경험을 갖게 된다는 말이에요.

[단어 뜻] 풍월 : 얻어들은 짧은 지식

 바르게 따라 써 보세요.

| 서 | 당 | | 개 | | 삼 | | 년 | 에 | | 풍 |
| 서 | 당 | | 개 | | 삼 | | 년 | 에 | | 풍 |

| 월 | 을 | | 한 | 다 | . |
| 월 | 을 | | 한 | 다 | . |

속담에 담겨 있는 뜻을 생각하며 써 보세요.

서당 개 삼 년에 풍월을 한다.

 아래 칸에 맞춰 써 보세요.

서당 개 삼 년에 풍월을 한다.

4 쇠귀에 경 읽기

소의 귀에 대고 경을 읽어 봐야 단 한 마디도 알아듣지 못한다는 뜻으로, 아무리 가르치고 일러 주어도 알아듣지 못하거나 효과가 없는 경우를 이르는 말이에요.

[단어 뜻] 경 : 일종의 책으로써 옛날 사람들이 공부하는 책이에요.

 바르게 따라 써 보세요.

쇠 귀 에　경　읽 기

쇠 귀 에　경　읽 기

쇠 귀 에　경　읽 기

쇠 귀 에　경　읽 기

속담에 담겨 있는 뜻을 생각하며 써 보세요.

쇠귀에 경 읽기

쇠귀에 경 읽기

 아래 칸에 맞춰 써 보세요.

쇠귀에 경 읽기

5 우물 안 개구리

넓은 세상의 경험을 하지도 못하고 저만 잘난 줄로 아는 사람을 비꼬는 말이에요.

[단어 뜻] 우물 - : 물을 얻기 위하여 땅을 파서 지하수를 고이게 한 곳

 바르게 따라 써 보세요.

| 우 | 물 | | 안 | | 개 | 구 | 리 | | |
| 우 | 물 | | 안 | | 개 | 구 | 리 | | |

| 우 | 물 | | 안 | | 개 | 구 | 리 | | |
| 우 | 물 | | 안 | | 개 | 구 | 리 | | |

속담에 담겨 있는 뜻을 생각하며 써 보세요.

우	물		안		개	구	리		
우	물		안		개	구	리		

아래 칸에 맞춰 써 보세요.

우물 안 개구리

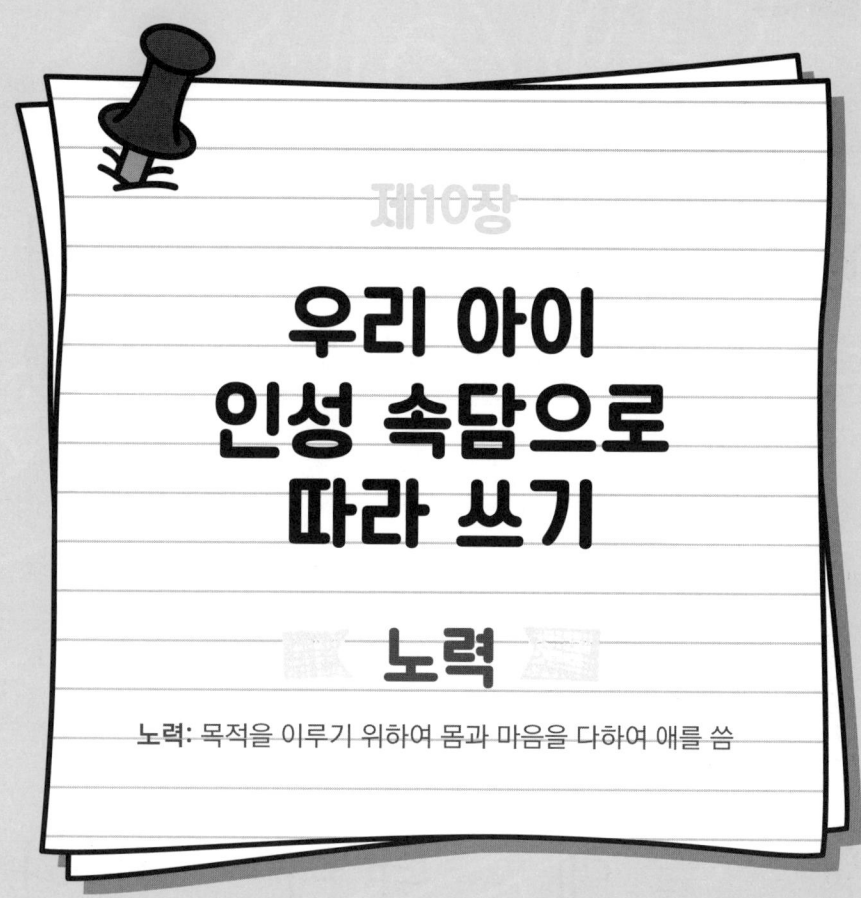

속담 이럴 때 이렇게 활용하기

- 콩 심은 데 콩 나고 팥 심은 데 팥 난다고, 아빠이랑 너랑 어쩌면 그렇게 꼭 닮았니!
- 열 번 찍어 아니 넘어가는 나무 없다고 저 친구 매일 같이 운동하자고 했더니 결국 나랑 같이 운동을 하게 되었다.

1 고생 끝에 낙이 온다.

어려운 일이나 고된 일을 겪은 뒤에는 반드시 즐겁고 좋은 일이 생긴다는 말이에요.

[단어 뜻] 낙 : 살아가는 데서 느끼는 즐거움이나 재미.

 바르게 따라 써 보세요.

| 고 | 생 | | 끝 | 에 | | 낙 | 이 | | 온 | 다 | . |

| 고 | 생 | | 끝 | 에 | | 낙 | 이 | | 온 | 다 | . |

속담에 담겨 있는 뜻을 생각하며 써 보세요.

고생 끝에 낙이 온다.
고생 끝에 낙이 온다.

 아래 칸에 맞춰 써 보세요.

고생 끝에 낙이 온다.

2 한술 밥에 배부르랴

힘을 조금 들이고 많은 효과를 얻을 수 없다는 말이에요.

[단어 뜻] 한술 : 숟가락으로 한 번 뜬 음식이라는 뜻으로, 적은 음식을 이르는 말이에요.

 바르게 따라 써 보세요.

| 한 | 술 | | 밥 | 에 | | 배 | 부 | 르 | 랴 | |

| 한 | 술 | | 밥 | 에 | | 배 | 부 | 르 | 랴 | |

| 한 | 술 | | 밥 | 에 | | 배 | 부 | 르 | 랴 | |

| 한 | 술 | | 밥 | 에 | | 배 | 부 | 르 | 랴 | |

속담에 담겨 있는 뜻을 생각하며 써 보세요.

한 술 밥에 배부르랴
한 술 밥에 배부르랴

 아래 칸에 맞춰 써 보세요.

한술 밥에 배부르랴

3. 열 번 찍어 아니 넘어가는 나무 없다.

아무리 어려운 일이라도 꾸준히 노력하면 결국은 그 어려운 일도 해결할 수 있다는 말이에요.

 바르게 따라 써 보세요.

| 열 | 번 | 찍어 | 아니 | 넘 |
| 열 | 번 | 찍어 | 아니 | 넘 |

| 어가는 | 나무 | 없다. |
| 어가는 | 나무 | 없다. |

속담에 담겨 있는 뜻을 생각하며 써 보세요.

열 번 찍어 아니 넘
열 번 찍어 아니 넘

어가는 나무 없다.
어가는 나무 없다.

 아래 칸에 맞춰 써 보세요.

열 번 찍어 아니 넘어가는 나무 없다.

4 콩 심은 데 콩 나고 팥 심은 데 팥 난다.

모든 일은 원인에 따라 거기에 걸맞은 결과가 나타난다는 말이에요.

 바르게 따라 써 보세요.

콩 심은 데 콩 나고 V
콩 심은 데 콩 나고 V

팥 심은 데 팥 난다.
팥 심은 데 팥 난다.

속담에 담겨 있는 뜻을 생각하며 써 보세요.

콩 심은 데 콩 나고

팥 심은 데 팥 난다.

 아래 칸에 맞춰 써 보세요.

콩 심은 데 콩 나고 팥 심은 데

팥 난다.

5 우물을 파도 한 우물을 파라

일을 너무 이것저것 하거나 하던 일을 자주 바꾸어 일하면 아무런 성과가 없으니 어떠한 일이든 한 가지 일을 끝까지 하여야 성공할 수 있다는 말이에요.

 바르게 따라 써 보세요.

| 우 | 물 | 을 | | 파 | 도 | | 한 | | 우 | 물 |
| 우 | 물 | 을 | | 파 | 도 | | 한 | | 우 | 물 |

| 을 | | 파 | 라 |
| 을 | | 파 | 라 |

속담에 담겨 있는 뜻을 생각하며 써 보세요.

우	물	을		파	도		한		우	물
우	물	을		파	도		한		우	물

을		파	라							
을		파	라							

 아래 칸에 맞춰 써 보세요.

| 우물을 파도 한 우물을 파라 |
| |
| |
| |

속담 퀴즈

★ 빈칸에 알맞은 속담을 쓰세요.

1 ☐☐☐ 도 맞들면 낫다.

2 지성이면 ☐☐ 이다.

3 제 ☐☐ 개 못 준다.

4 아는 ☐ 도 물어가라.

5 구르는 돌은 ☐☐ 가 안 낀다.

6 ☐ 은 비뚤어져도 말은 바로 해라

7 윗물이 맑아야 ☐☐☐ 이 맑다.

8 바늘 도둑이 ☐☐☐ 된다.

9 ☐☐☐ 올챙이 적 생각 못 한다.

10 ☐☐ 가 길면 잡힌다.

정답 --

1) 백지장 2) 감천 3) 살릴 4) 길 5) 이끼 6) 입 7) 아랫물 8) 소도둑 9) 개구리 10) 꼬리

★ 빈칸에 알맞은 속담을 쓰세요.

11 ☐☐ 는 작아도 탑을 쌓는다.

12 티끌 모아 ☐☐

13 가는 ☐ 이 고와야 오는 ☐ 이 곱다.

14 ☐☐ 에 옷 젖는 줄 모른다.

15 ☐☐ 은 새끼를 친다.

16 작은 고추가 더 ☐☐ .

17 용의 ☐☐ 보다 닭의 머리가 낫다.

18 ☐☐ 이 많으면 배가 산으로 올라간다.

19 ☐ 놓고 기역 자도 모른다.

20 고생 끝에 ☐ 이 온다.

정답

11) 개미 12) 태산 13) 말, 말 14) 가랑비 15) 가랑말 16) 맵다 17) 꼬리 18) 사공 19) 낫 20) 낙

하루 한 장 초등 속담 손글씨 연습장

초판 1쇄 인쇄 2025년 7월 3일
초판 1쇄 발행 2025년 7월 10일

글 어린이독서사랑연구회

펴낸곳 M&K
펴낸이 구모니카
마케팅 신진섭
등록 제7-292호 2005년 1월 13일
주소 경기도 고양시 일산서구 고양대로 255번길 45, 903동 1503호(대화동, 대화마을)
전화 02-323-4610
팩스 0303-3130-4610
E-mail sjs4948@hanmail.net
Tistory https://mnkids.tistory.com

ISBN 979-11-94723-01-1

※ 값은 뒤표지에 있습니다. 잘못된 책은 바꾸어 드립니다.